SOMMAIRE

84817 - (I) - OSB 80 - 662U - 368U - PCA - CMU
Imprimerie CHIRAT - 42540 Saint-Just-la-Pendue
Dépôt légal : février 2023
Imprimé en France

FICHE

1 | PRÉSENTER LE BULLETIN DE PAIE

Le bulletin de paie n'a pas de forme imposée mais certaines mentions sont obligatoires et d'autres interdites. Doivent figurer sur le bulletin de paie (art. R. 3243-1) :

- l'identification de l'employeur et du salarié ;
- toutes les mentions explicatives du net à payer ;
- le nombre d'heures travaillées et payées et éventuellement le type de forfait ;
- le montant du net imposable pour le mois et en cumul ;
- le montant net imposable des heures supplémentaires et des heures complémentaires exonérées d'impôt.

Toutes mentions relatives à un mandat représentatif du personnel et la grève sont interdites.

Un bulletin de paie doit être remis au salarié à chaque échéance de paie. Désormais, l'employeur est autorisé à remettre au salarié un bulletin électronique sauf opposition de sa part. Il faut pour cela que l'employeur garantisse l'intégrité, la disponibilité pendant une durée fixée par décret et la confidentialité des données.

Présentation du bulletin de paie

Dans le bulletin clarifié, les lignes de cotisations de protection sociale sont regroupées par risque couvert : la santé, le risque professionnel, la retraite, la famille, l'assurance chômage, les autres contributions dues par l'employeur, les contributions sociales imposables et non imposables, le total des retenues et le coût total pour l'employeur avec la mention des allègements dont il a bénéficiés.

Quelle que soit sa forme, on trouve systématiquement les cinq grandes zones décrites ci-après.

La zone 1 : l'identification des parties

Généralement située dans la partie supérieure du bulletin de paie, cette zone regroupe les mentions qui identifient l'employeur et le salarié.

- **L'employeur est identifié par sa raison sociale** ainsi que l'adresse de l'établissement dans lequel le salarié travaille, le numéro de Siret de l'établissement, le code NAF et enfin la convention collective applicable (voir ❶).
- **Le salarié est identifié par son nom**, son prénom, son emploi ainsi que tous les éléments permettant de le situer dans la grille de classification conventionnelle tels que l'indice, l'échelon ou le grade (voir ❶).

La zone 2 : les éléments de rémunération constituant le total brut soumis

Figurent dans cette zone, tous les éléments de rémunération soumis à cotisations, payés ou retenus, dont la somme algébrique constitue le total brut soumis. Ces éléments doivent apparaître distinctement, avec un libellé clair et un montant associé et, chaque fois que cela est possible, le nombre et le taux qui les caractérisent.

Les éléments qui ne sont pas soumis à cotisations sont payés ou retenus dans la zone 4, après le net imposable (voir ❷).

La zone 3 : les cotisations et contributions sociales

Les cotisations et contributions sociales doivent figurer obligatoirement sur le bulletin de paie, avec un regroupement des cotisations par destination : santé, retraite, famille Sécurité sociale, assurance chômage, autres contributions patronales etc.

Dans cette logique, il est possible de regrouper les cotisations salariales et patronales qui se calculent sur une même base. Quant aux cotisations uniquement patronales, elles peuvent être regroupées si elles se calculent sur une même base et il n'est plus nécessaire de faire figurer leur taux.

De nouvelles mentions visent à mieux informer le salarié sur le coût du travail (allégements de cotisations, total brut versé par l'employeur charges patronales comprises, en particulier).

La zone 4 : la détermination du net imposable et du net à payer

- **Le net imposable** est le résultat du total brut soumis minoré du total des retenues :

  = Brut imposable – (Total des cotisations salariales + CSG non imposable) + Part patronale complémentaire santé

- **Le net a payer** est égal au net imposable minoré des CSG et CRDS imposables additionné de la somme algébrique des éléments de salaire non soumis à cotisations (voir ❹).
- **Un nouveau net social** verra le jour en juillet 2023, mais ne sera obligatoire qu'en 2025.

La zone 5 : le bas de bulletin

Il s'agit d'une zone d'informations dans laquelle figurent un certain nombre de cumuls tels que celui du brut imposable, du net imposable, du brut social, et du nombre d'heures travaillées (voir ❺).

La fiche annexe

Certaines informations complémentaires figurent dans une fiche annexe au bulletin de paie. Il s'agit :

- du droit au repos compensateur ;
- des jours de RTT acquis et pris pour les salariés concernés par cette organisation du temps de travail ;
- le cumul des heures effectuées annuellement en cas de modulation du temps de travail ;
- le détail des heures d'astreinte.

Le mode et la date de paiement

Le salaire peut être payé par virement, par chèque et même en espèces jusqu'à un montant maximum de 1500 € par mois.

La date de paiement figure obligatoirement sur le bulletin et engage l'employeur.

Bulletin de paie d'un salarié cadre

Bulletin de paie — **Janvier 2023**

Période du 1er au 31 janvier 2023

❶

Raison sociale Adresse de l'établissement	**Nom et prénom du salarié** Adresse
N° SIRET et de NAF : Convention collective	**Emploi et classification**

❷

Libellé des rubriques	Nombre	Taux	Montant
Salaire de base Heures supplémentaires Prime			
Total brut soumis			

❸

		Part salariale		Part employeur
Libellé de la cotisation ou de la contribution sociale	**Base de cotisations**	**Taux salarial**	**Montant salarial**	**Montant employeur**
Santé				
Sécurité sociale : maladie maternité invalidité décès		–		Montant
Complémentaire santé (mutuelle)		50	Montant	Montant
Accident travail – maladie professionnelle		–		Montant
Retraite				
Sécurité sociale plafonnée (vieillesse plaf.)		6,90	Montant	Montant
Sécurité sociale déplafonnée (vieillesse tot.)		0,40	Montant	Montant
Complémentaire T1		4,15	Montant	Montant
Complémentaire T2		9,86	Montant	Montant
Supplémentaire				
Famille				Montant
Assurance chômage				Montant
Chômage		–		Montant
Apec		0,024	Montant	Montant
Autres contributions employeur		–		Montant
Cotisations statutaires ou conventionnelles				
CSG non soumise à l'impôt		6,80	Montant	
CSG/CRDS soumises à l'impôt		2,90	Montant	
Exonérations de cotisations employeur				Montant
Total des cotisations et contributions				Montant total
Net à payer avant impôt sur le revenu				
Dont évolution de la rémunération due à la suppression des cotisations maladie et chômage				
Impôt sur le revenu	Base	Taux	Montant du prélèvement	Montant du net hors prélèvement
		5		
	NET PAYÉ en euros			
	Allègement de cotisations salariales et patronales			
	Total versé par l'employeur			

❹ Bulletin à conserver sans limitation de durée

❺

Cumul	
Brut imposable Net imposable Brut social Heures travaillées	

1 Les taux patronaux ne sont pas obligatoires.

FIXER LA RÉMUNÉRATION EN CONFORMITÉ AVEC LE SMIC OU LE MINIMUM CONVENTIONNEL

FICHE 2

Le salaire peut être versé selon 3 modalités : au temps, au rendement ou à la tâche et au pourboire.

Distinguer les 4 grands modes de rémunération

La rémunération au temps

Le salaire est **proportionnel au temps passé à travailler** mais il n'est pas fait référence à la quantité de travail ni à la production effectuée.

Le mode de rémunération le plus répandu est le salaire mensuel ou mensualisé : le salaire a un caractère forfaitaire, toujours le même chaque mois et ce, quel que soit le nombre de jours de travail effectif contenu dans le mois. En revanche, en cas de rémunération horaire, le salaire est calculé en fonction du nombre d'heures réellement effectuées dans le mois.

La mensualisation du salaire

Pour les salariés mensualisés, le salaire mensuel est déterminé forfaitairement quel que soit le nombre d'heures du mois, selon la formule ci-après.

Salaire mensuel des salariés mensualisés =

$$\frac{\text{Salaire horaire} \times \text{Horaire hebdomadaire} \times 52}{12}$$

Exceptionnellement, les travailleurs à domicile, les travailleurs temporaires, les travailleurs saisonniers et les travailleurs intermittents sont payés à l'heure effectuée. Leur salaire mensuel se calcule de la façon suivante.

Salaire mensuel des salariés non mensualisés =

Salaire horaire × Nombre d'heures effectuées du mois

La rémunération au rendement ou à la tâche

Le salaire est fonction du travail accompli, quel que soit le temps de travail passé pour accomplir la tâche.

On distingue :

- la **rémunération à la pièce** : le salaire est calculé en fonction du nombre de pièces produites (c'est le cas pour les travailleurs à domicile) ;
- la **rémunération à la commission** : pour les commerciaux comme les VRP, le salaire est calculé en tout ou partie d'après les ventes réalisées.

Ce mode de rémunération ne fait pas obstacle à l'application du SMIC ou d'un minimum conventionnel.

La rémunération au pourboire

Dans certaines professions où le salarié est en contact avec la clientèle (restauration, hôtellerie, spectacles, etc.), le pourboire peut constituer tout ou partie de la rémunération.

Respecter le SMIC et le salaire minimum

Le salaire minimum interprofessionnel de croissance, le SMIC, assure aux salariés dont les rémunérations sont les plus faibles, la garantie de leur pouvoir d'achat et une participation au développement économique de la Nation. Il s'applique à tous les salariés sauf les VRP.

Pour vérifier si le SMIC est respecté, il faut comparer la rémunération mensuelle brute versée avec la valeur mensuelle du SMIC.

La rémunération brute mensuelle qu'il convient de prendre en compte comprend, en plus du salaire de base, l'ensemble des primes mensuelles inhérentes au travail effectif, les avantages en nature selon leur valeur forfaitaire et les pourboires.

Au 1er janvier 2023, **le SMIC horaire brut** est fixé à **11,27 €**

EXEMPLE

Monsieur Alain a un contrat de travail de 130 h par mois. En janvier 2023, il perçoit les éléments de rémunération suivants :

– salaire de base	1300 €
– prime d'ancienneté	130 €
– prime de performance	20 €
– prime d'assiduité	30 €

De plus, il touchera un 13e mois en décembre 2023.

Pour vérifier si Monsieur Alain est rémunéré au moins au SMIC, il faut calculer le SMIC mensuel correspondant à son horaire de travail, soit : 11,27 × 130 = 1465,10 €.

Comme les primes d'ancienneté et d'assiduité ne sont pas inhérentes à du travail effectif, le salaire brut mensuel à comparer au SMIC est donc :

Salaire de base	1300,00 €
Prime de performance	+ 20,00 €
Total brut mensuel	1320,00 €

Il convient de payer à Monsieur Alain une indemnité différentielle égale à 145,10 €, soit la différence entre 1465,10 € et 1320 €. Cette différence sera à verser de janvier à novembre mais pas en décembre puisque le versement du 13e mois fera dépasser la valeur mensuelle du SMIC.

Appliquer les abattements sur le SMIC

Certains salariés peuvent se voir appliquer un abattement sur le SMIC en fonction de leur âge ou du type de leur contrat.

Cas concernés	Taux d'abattement
Jeune de 17 à 18 ans	10 %
Jeune – 17 ans	20 %
Contrat prof.* – 26 ans	30 à 45 %
Contrat apprentissage	Selon l'âge et l'année d'étude

* N'ayant pas au moins le bac professionnel.

RÉMUNÉRER LE TEMPS DE TRAVAIL : LES HEURES SUPPLÉMENTAIRES ET COMPLÉMENTAIRES

FICHE 3

La durée légale du travail

Le temps de **travail effectif** est le temps pendant lequel le salarié est à la disposition de l'employeur et doit se conformer à ses directives sans pouvoir vaquer librement à ses occupations personnelles.

La durée légale du travail effectif est de 35 heures par semaine ce qui correspond à 1607 heures par an en cas d'annualisation du temps de travail.

Les heures supplémentaires

Toute heure effectuée au-delà de 35 heures de travail effectif par semaine est une heure supplémentaire.

Un contingent annuel d'heures supplémentaires est déterminé par accord collectif et son dépassement donne droit à une contrepartie obligatoire en repos. **À défaut d'accord**, le contingent annuel est fixé par décret à 220 heures.

Le décompte

Les heures supplémentaires se calculent à la semaine, mais les entreprises qui ont conservé une durée du travail collective supérieure à 35 heures peuvent mensualiser la rémunération des heures supplémentaires. Ainsi, 17 h 33 (soit 4 × 52 / 12) supplémentaires correspondent à un horaire de 39 heures hebdomadaires.

Le taux de majoration

Il est fixé par la convention ou l'accord de branche, avec un taux qui ne peut être inférieur à **10 %**. Si un accord d'entreprise signé après les nouvelles ordonnances prévoit un taux de majoration inférieur à celui de l'accord de branche, c'est ce taux qui s'applique. Ce n'est qu'à défaut d'accord que les taux légaux ci-après s'appliquent :

- les 8 premières heures sont rémunérées avec une majoration de **25 %** ;
- les autres, c'est-à-dire celles qui sont effectuées au-delà de la 43e heure, sont rémunérées avec une majoration de **50 %.**

Ces majorations s'appliquent sur le taux horaire de base.

$$\text{Taux horaire pour les heures supplémentaires} = \frac{\text{Salaire de base + Primes mensuelles inhérentes au travail}}{\text{Horaire moyen mensuel}}$$

EXEMPLE

La rémunération d'un salarié se compose d'un salaire de base de 2 000 €, d'une prime d'ancienneté égale à 10 % du salaire de base et d'une prime mensuelle de froid de 150 €.

Il effectue 44 heures de travail dans une semaine et ses 9 heures supplémentaires lui sont ainsi payées : 8 heures à 125 % et 1 heure à 150 %.

Le taux horaire servant de base à l'application des majorations est de : (2 000 + 150) / 151,67 = 14,18 €

Paiement des 8 heures à 125 % = 8 × (14,18 × 125 %) = 141,76 €

Paiement de 1 heure à 150 % = 1 × (14,18 × 150 %) = 21,27 €

Les conventions de forfait

Une convention individuelle de forfait permet de fixer une durée du travail supérieure à la durée légale associée à un salaire de base fixe incluant forfaitairement les majorations pour heures supplémentaires. Seules les heures travaillées au-delà du forfait sont payées en heures supplémentaires.

La contrepartie obligatoire en repos (COR)

Elle est égale à 100 % des heures supplémentaires effectuées au-delà du contingent pour les entreprises de + 20 salariés (50 % pour celles de 20 salariés et moins). La COR doit être prise dans les 2 mois qui suivent l'ouverture du droit (dès 7 heures).

Le repos compensateur équivalent (RCE)

Le paiement des heures supplémentaires peut être remplacé par l'octroi d'un repos compensateur équivalent calculé dans les mêmes conditions que celles du paiement. Ce remplacement doit être prévu par un accord collectif.

EXEMPLE

Un salarié qui effectue 36 heures de travail dans une semaine effectue 1 heure supplémentaire qui ouvre droit à 1 heure et 25 centièmes (ou 1 h et 15 min) de repos compensateur équivalent.

Les heures complémentaires des salariés à temps partiel

Les salariés à temps partiel peuvent effectuer des heures complémentaires, dans la limite d'1/10e de la durée contractuelle de travail (24 h hebdo. minimum). Ces heures sont payées avec une majoration de 10 %. Un accord de branche permet de repousser la limite légale de 10 à 30 %, alors les heures complémentaires effectuées au-delà de 1/10e sont majorées à 25 %. Si un accord de branche étendu l'a prévu, des compléments d'heures peuvent être réalisés. Ces heures en plus ne sont pas forcément majorées (tout dépend de l'accord). En revanche, les heures effectuées au-delà de la durée prévue dans l'avenant sont majorées à 25 %.

EXEMPLE

Un salarié à temps partiel a un horaire contractuel de 30 heures par semaine avec un taux horaire de base de 12 €. Un accord de branche permet 33 % d'heures complémentaires. Au cours d'une semaine, ce salarié effectue 34 heures qui lui sont payées ainsi :

30 heures normales × 12 =	360 €
3 heures complémentaires majorées à 10 % × 13,20 =	39,60 €
1 heure complémentaire majorée à 25 % × 15 =	15 €
Total brut soumis	414,60 €

N.B. : Le montant des heures supplémentaires et des heures complémentaires n'est pas assujetti à l'impôt ni aux cotisations sociales salariales dans la limite des taux légaux d'assurance vieillesse. Il faut l'intégrer dans le total brut mensuel pour l'assujettir à toutes les cotisations sociales et en rembourser le montant salarial.

RÉMUNÉRER LES AUTRES TEMPS DE TRAVAIL

FICHE 4

Les jours fériés et la journée de solidarité

Le 1er mai est un jour chômé et payé mais lorsqu'il est travaillé il est payé double. Les autres jours fériés chômés ne sont payés qu'à la condition que le salarié justifie de 3 mois d'ancienneté. Lorsque le jour férié est travaillé, la loi ne prévoit pas de majoration de salaire mais certaines conventions collectives oui.

EXEMPLE

Un salarié dont le salaire mensuel est de 2 000 € travaille le 1er mai. On lui paie pour le mois de mai :

Salaire de base :	2 000 €
Paiement jour férié : (2 000 / 21,67)	+ 92,29 €
Total brut soumis	2 092,29 €

Le 1er mai est bien payé double : une fois dans le salaire de base et une autre fois dans le paiement du jour férié.

La liste de jours fériés en France : le 1er janvier, le lundi de Pâques, le 1er mai, le 8 mai, le lundi de Pentecôte, l'Ascension, le 14 juillet, le 15 août, la Toussaint, le 11 novembre et le 25 décembre.

La journée de solidarité

C'est une journée de travail supplémentaire non rémunérée faisant l'objet d'une contribution patronale de 0,3 % de la masse salariale qui sert à financer le fonds de solidarité destiné aux personnes âgées. Le choix de cette journée peut se faire par accord collectif ou, au gré du salarié, sur un jour de RTT ou un jour de congé payé.

L'astreinte

C'est un temps durant lequel le salarié, sans être à la disposition permanente et immédiate de l'employeur, doit être en mesure d'intervenir pour effectuer un travail au service de l'entreprise. La durée de cette intervention est considérée comme un temps de travail effectif.

Le temps d'astreinte n'est pas du travail effectif, cependant un accord collectif doit prévoir des contreparties financières ou du temps à récupérer.

EXEMPLE

Un salarié d'astreinte durant 8 heures un samedi bénéficie d'une prime d'astreinte fixée par l'accord collectif à 50 €. Si une intervention devient nécessaire, son temps sera rémunéré comme du temps de travail avec éventuellement des heures supplémentaires ou des primes d'intervention.

Le temps d'habillage et de déshabillage

Si le port de la tenue de travail est imposé par des dispositions législatives, conventionnelles, réglementaires ou contractuelles et si les opérations d'habillage et de déshabillage sont réalisées dans l'entreprise ou sur le lieu de travail, alors des contreparties financières ou sous forme de repos doivent être déterminées, sans aucune obligation d'assimiler ce temps à du temps de travail. Lorsqu'il est payé, le temps d'habillage est valorisé au taux horaire de base.

Le temps de déplacement

Le temps de déplacement professionnel est celui qui est nécessaire pour se rendre sur un lieu d'exécution du contrat de travail différent du lieu habituel de travail.

Lorsque ce temps dépasse le temps normal de trajet entre le domicile et le lieu de travail habituel, il doit faire l'objet d'une contrepartie sous forme de repos ou de compensation financière.

Le travail de nuit

Tout travail effectué entre **21 heures et 7 heures du matin** est considéré comme travail de nuit. Sa mise en place nécessite la conclusion d'un accord collectif. Le travail de nuit ne donne lieu à aucune majoration obligatoire de salaire mais ouvre droit à des contreparties prévues dans l'accord. Le travail de nuit est limité à 8 heures / jour et à 40 heures / semaine.

Qui est travailleur de nuit ?

Est considérée comme travailleur de nuit, toute personne qui accomplit au moins 2 fois par semaine au moins 3 heures de son temps de travail de nuit, ou alors qui accomplit un nombre minimal d'heures de travail la nuit au cours d'une période de référence.

Le travail de nuit est en principe interdit aux jeunes travailleurs de moins de 18 ans.

Le travail le dimanche

En principe, le dimanche est le jour de repos hebdomadaire qui est prévu par la loi. Cependant, un certain nombre de dérogations existent qui ne donnent pas toutes lieu à des majorations de salaire.

Les dérogations sans majoration de salaire

On les trouve dans les communes touristiques et thermales ainsi que dans les zones touristiques d'affluence exceptionnelle ou d'animation culturelle permanente fixées par décret, dans les industries utilisant des matières périssables et dans les établissements dont l'ouverture est nécessaire au public également listés par décret.

Les dérogations avec majoration de salaire ou repos compensateur

On les trouve dans les commerces de détail alimentaire et lors du travail continu dans l'industrie des contreparties accordées aux salariés travaillant le dimanche. Elles doivent être fixées par accord et représentent au minimum un doublement de salaire pour les heures travaillées le dimanche avec repos compensateur.

Il est désormais possible de travaillller 12 dimanches par an dans les zones touristiques internationales, avec une possibilité de travailler tous les dimanches de l'année. Le volontariat est requis mais un accord collectif est indispensable.

Des compensations salariales sont obligatoirement fixées par accord de branche, d'entreprise ou territorial, sauf pour les TPE (– 11 salariés) qui pourront fonctionner avec référendum.

AMÉNAGER LE TEMPS DE TRAVAIL SUR UNE PÉRIODE DE 2 À 52 SEMAINES (ET PLUS)

FICHE 5

Comment faire ?

L'employeur peut organiser le temps de travail sur une période supérieure à la semaine, sous réserve de la signature d'un accord collectif le prévoyant.

Aménagement pluriannuel possible, sur autorisation d'un accord de branche. La loi permet désormais d'aménager le temps de travail par accord collectif sur une période supérieure à l'année et d'au plus 3 ans si un accord de branche l'autorise (C. trav. art. L. 3121-44 modifié).

La nécessité d'un accord

Cet accord prévoit, entre autres clauses, les conditions et le délai de prévenance des changements d'horaire (au moins égal à 7 jours), la limite au-delà de laquelle les heures de travail seront supplémentaires ainsi que la façon dont les absences influenceront leur décompte, la limite hebdomadaire haute au-delà de laquelle les heures supplémentaires seront payées sur le mois où elles sont faites et l'impact qu'auront les entrées et sorties en cours d'années sur le calcul de la rémunération.

Le lissage de la rémunération

L'accord peut également prévoir le lissage de la rémunération mensuelle, rendant celle-ci indépendante du nombre d'heures réelles effectuées dans le mois. Autrement dit, les heures supplémentaires effectuées en dessous de la limite haute seront payées à la fin de la période de référence et le salarié sera payé tous les mois selon l'horaire moyen mensuel.

À défaut d'accord collectif, l'employeur peut organiser le temps de travail sur une durée de 4 semaines au maximum avec une limite hebdomadaire haute de 39 h. Mais les employeurs de moins de 50 salariés peuvent désormais organiser ce temps de travail sur une période de **9 semaines** maximum. Autrement dit, toute heure effectuée au-delà de 39 h sera considérée comme heure supplémentaire et, en fin de période, les heures excédant la moyenne de 35 h seront considérées comme supplémentaires après déduction éventuelle des heures déjà décomptées dans le cadre de la semaine.

Le décompte des heures supplémentaires sur l'année

Lorsque le travail est aménagé sur une période de 52 semaines avec lissage de la rémunération, le décompte des heures supplémentaires se fait au-delà de 1 607 h au lieu de 35 dans le cadre hebdomadaire habituel. Toutefois, les heures supplémentaires effectuées au-delà de la limite hebdomadaire haute prévue dans l'accord sont payées le mois même où elles sont effectuées.

Lorsque le nombre d'heures travaillées sur l'année dépasse 1 607 h, les heures excédentaires sont payées en heures supplémentaires, déduction faites de celles qui dépassaient la limite hebdomadaire haute de l'accord et qui ont déjà été payées.

L'impact des absences sur le décompte de la durée du travail

Il convient de valoriser les absences en cours de période de référence sur la base du temps qui aurait dû être travaillé si le salarié était présent. Lorsque le salarié entre ou sort en cours de période, les heures supplémentaires effectuées au-delà de 35 heures sont payées en heures supplémentaires.

Les modifications de l'horaire de travail

L'employeur doit afficher l'horaire de travail et en informer l'inspection du travail. De façon plus précise, l'employeur affiche le nombre de semaines de la période de référence, avec pour chaque semaine la répartition de la durée du travail. L'affichage des changements d'horaire doit se faire selon les modalités prévues dans l'accord, au moins 7 jours à l'avance.

Un document annexé au dernier bulletin de paie de la période de référence mentionne le nombre d'heures effectuées au cours de la période de référence écoulée.

EXEMPLE

Une entreprise applique un accord aménageant la durée du travail sur 52 semaines qui prévoit une limite hebdomadaire haute de 41 heures.

M. Jean effectue 41 heures au cours de la semaine 34 de l'année du mois d'août. Aucune heure supplémentaire ne lui est payée sur le mois d'août dans la mesure où la limite haute n'est pas dépassée.

Mme Pierre effectue, quant à elle, 45 heures de travail au cours de la même semaine. 4 heures supplémentaires lui sont payées avec la paie d'août dans la mesure où ces 4 heures excédent la limite hebdomadaire haute fixée dans l'accord. Et ce, même si la durée du travail annuel n'excède pas 1607 heures.

PAYER LES PRIMES ET LES GRATIFICATIONS

Définition

Les primes ou gratifications ont pour but de majorer la rémunération tout en la personnalisant. Leurs modalités d'attribution et de calcul sont d'origine conventionnelle ou contractuelle, dans la mesure où le Code du travail n'en prévoit aucune.

Les primes ou gratifications peuvent être obligatoires ou ne pas l'être.

Les primes obligatoires

Lorsqu'elles sont obligatoires, les primes ou gratifications sont prévues par une convention collective, un accord d'entreprise, un usage ou le contrat de travail. Sauf quand elles émanent du contrat de travail, elles sont applicables à tous et ont un mode de calcul fixe. Ce qui ne veut pas dire que tous les salariés bénéficiaires toucheront le même montant.

Les gratifications bénévoles

Les primes ou gratifications bénévoles ne sont prévues par aucun texte ni aucun usage et leur versement dépend du bon vouloir de l'employeur.

La prime d'ancienneté ou de fidélité

Son mode de calcul résulte de la convention collective applicable dans l'entreprise ou l'établissement. Le plus souvent la prime se calcule à l'aide d'un pourcentage progressif par tranche triennale d'ancienneté, 3 % après 3 ans, 6 % après 6 ans, ou d'année en année, 3 % après 3 ans, 4 % après 4 ans. Ce pourcentage est appliqué selon les dispositions conventionnelles, soit sur le salaire de base, soit sur un salaire minimum.

Prime ancienneté =

Pourcentage × Salaire de base ou salaire minimum

La prime d'assiduité

L'attribution de la prime d'assiduité permet de favoriser le présentéisme des salariés dans l'entreprise.

La prime d'assiduité est une prime généralement mensuelle, mais pas uniquement, dont le montant va dépendre de la présence du salarié à son poste durant un laps de temps défini par l'accord : le mois civil ou le trimestre civil qui précèdent le mois du paiement.

Les primes de sujétion

Les primes de sujétion sont attribuées à des salariés soumis à des contraintes particulières liées à leurs conditions de travail. Il peut s'agir, selon le cas, de primes liées au froid pour les métiers de la viande, à la chaleur dans certains métiers métallurgiques, à la prise de risque ou à la contrainte du port d'un costume.

L'attribution de la prime cesse dès la disparition de la contrainte.

La prime de résultat

C'est une prime attribuée à tout ou partie des salariés en fonction de leurs résultats personnels, de ceux de leur unité ou bien encore des résultats généraux de l'entreprise.

La périodicité du versement de cette prime est fonction des accords signés en la matière mais la prime de résultat ou d'objectif a le plus souvent une fréquence annuelle.

La prime de fin d'année ou de 13e mois

La prime de fin d'année couvre une période de référence annuelle. Son mode de calcul prévoit, selon les accords, le paiement d'un montant librement fixé par l'employeur.

Quant au 13e mois, ses règles de paiement sont plus classiques et reprennent toutes le principe du paiement d'un mois de salaire supplémentaire sur l'année.

Son mode de calcul est soit :

- proportionnel au temps de présence du salarié dans l'entreprise au cours de l'année de référence ;
- conditionné à la présence du salarié dans l'entreprise à une date précise.

IMPORTANT

Il ne faut pas confondre les primes et gratifications, qui sont des compléments de salaire soumis à cotisations, avec les « primes » dites de panier qui sont des allocations forfaitaires de repas, exonérées de cotisations jusqu'à une certaine limite.

Tableau des règles sociales et fiscales applicables aux principales primes

Libellé de la prime	Soumission aux cotisations sociales	Soumission aux contributions sociales	Soumission à l'impôt
Prime exceptionnelle	Oui	Oui	Oui
Prime d'ancienneté	Oui	Oui	Oui
Prime d'assiduité	Oui	Oui	Oui
Prime de sujétion	Oui	Oui	Oui
Prime de résultats ou prime d'objectifs	Oui	Oui	Oui
Prime de fin d'année ou de 13e mois	Oui	Oui	Oui

VALORISER LES AVANTAGES EN NATURE EN PAIE

FICHE 7

Définition

L'avantage en nature est une rémunération fournie par l'employeur à son salarié qui se caractérise par l'usage personnel que fait le salarié d'un bien professionnel, lui évitant ainsi une dépense. Les avantages en nature sont donc des éléments de rémunération soumis aux cotisations sociales et à l'impôt.

Les avantages en nature prennent la forme :

- d'un ou de plusieurs repas nature par jour ;
- d'un logement gratuit ;
- d'un véhicule à usage personnel ;
- d'outils issus des technologies de l'information.

Ils peuvent également être des produits fabriqués par l'entreprise cédés gratuitement ou à prix réduit à ses salariés.

La valorisation des avantages en nature

Les avantages en nature : véhicule, logement et ceux issus des nouvelles technologies sont pris en compte soit pour leur coût réel, soit pour une valeur forfaitaire, au choix de l'employeur. Le repas nature est toujours estimé forfaitairement et les produits fabriqués par l'entreprise toujours valorisés au coût réel.

L'avantage nourriture

Chaque année au 1er janvier, le montant de l'avantage en nature nourriture est réévalué forfaitairement. Pour l'année 2023, il est de **5,20 €** par repas, à l'exception des secteurs de la restauration où il reste indexé sur le minimum garanti (MG) égal à **4,01 €**.

L'avantage logement

L'avantage résultant de la fourniture gratuite d'un logement est évalué forfaitairement en fonction d'un barème qui est fonction de la rémunération mensuelle comparée au plafond et du nombre de pièces principales que comporte le logement.

Ce barème est réévalué au 1er janvier de chaque année.

L'employeur dispose également d'une option qui lui permet d'estimer l'avantage nature « logement » en fonction de la valeur locative servant de base à la taxe d'habitation ou, à défaut, en fonction de la valeur locative réelle du logement.

L'avantage véhicule

Au réel, l'avantage véhicule se calcule à raison de 20 % ou 10 % du coût d'achat du véhicule TTC (selon que le véhicule a moins ou plus de 5 ans) + le montant de l'assurance + les frais d'entretien. Le tout ramené au nombre de kilomètres effectués pour usage privé sur le nombre total de kilomètres parcourus par le véhicule. Ajouter, le cas échéant, les frais de carburant.

EXEMPLE

Estimation de l'avantage véhicule pour un salarié qui paie son carburant.

Un véhicule neuf est acheté TTC 30 000 × 20 % =	6 000 €
Les frais d'entretien annuel	+ 1500 €
Le coût de l'assurance	+ 1000 €
Total annuel	8 500 €

Ce montant est généralement imputé sur la paie mensuelle à raison d'1/12e, soit 708,33 € par mois.

Bulletin de paie de janvier 2023

Salaire de base 151,67 × 20	3 033,40 €
Avantage véhicule	**+ 708,33 €**
Total brut soumis	3 741,73 €
Cotisations	– XX,00 €
Net imposable	YYY, 00 €
Avantage véhicule	**– 708,33 €**
Net à payer	ZZZ,00 €

Le forfait annuel est égal à :

- 9 % du coût d'achat TTC du véhicule ou 6 % de ce coût si le véhicule a plus de 5 ans dans le cas où le salarié paie son carburant ;
- 12 % du coût d'achat TTC du véhicule ou 9 % de ce coût si le véhicule a plus de 5 ans dans le cas où l'entreprise paie le carburant.

L'avantage en nature issu des nouvelles technologies de l'information et de la communication NTIC

L'estimation de cet avantage se fait, sur option de l'employeur, soit sur la base :

- des dépenses réellement engagées ;
- d'un forfait annuel estimé à 10 % du coût d'achat ou, le cas échéant, de l'abonnement TTC.

Les autres avantages en nature

Ce sont des biens produits par l'entreprise cédés gratuitement ou à un prix dérisoire aux salariés. Ces avantages sont toujours estimés en fonction de leur coût réel.

Définition

Les frais professionnels sont les dépenses supportées par le salarié pour le compte de son employeur, découlant de l'exécution du contrat de travail.

L'employeur doit donc rembourser ces frais au salarié soit sur justificatifs, aux frais réels, soit sur une base forfaitaire dont il fixe librement le montant.

Les frais de repas et d'hébergement

Lorsque les frais sont remboursés au réel, ils ne sont ni soumis à charges sociales, ni imposables. En revanche, lorsqu'ils sont remboursés forfaitairement, ils sont soumis à cotisations au-delà d'une limite d'exonération.

Chaque année, l'Urssaf fixe les limites d'exonération des frais professionnels.

Limites 2023

Nature des dépenses	Valorisation en euros
Frais de restauration ou « Prime de panier »	
• Sur lieu de travail, lorsqu'un repas supplémentaire est nécessité par les conditions de travail telles que le travail posté	7,10
• Hors des locaux de l'entreprise, pour les salariés en déplacement lorsque les usages de la profession n'obligent pas à manger au restaurant	9,90
Frais de repas	
Dans le cadre d'une mission professionnelle	20,20
Grands déplacements en France lorsqu'il y a plus de 50 kms entre le domicile et le lieu de déplacement et lorsque le temps de trajet aller est supérieur à 1 h 30 (logement et petit-déjeuner) pour les 3 premiers mois.	

Frais de grands déplacements en France métropolitaine

Durée du déplacement	Prix par repas	Logement et petit-déjeuner	
		Paris (75) et petite couronne (92, 93, 94)	Autres départements
3 premiers mois	20,20 €	72,50 €	53,80 €
Au-delà de 3 mois et jusqu'à 2 ans	17,20 €	61,60 €	45,70 €
Au-delà de 2 ans et jusqu'à 6 ans	14,10 €	50,80 €	37,70 €

EXEMPLE

Jacquot Mission est ingénieur commercial avec un salaire de base mensuel de 5 335 € auquel vient s'ajouter une indemnité forfaitaire de repas de 22 € par jour travaillé.

Sachant que le mois de février compte 20 jours ouvrés et qu'il travaille tous les jours, sa paie du mois de février intègre dans la partie supérieure du bulletin de paie, la part soumise des indemnités de repas, soit 20 × 1,80 = 36 € alors que les 20 × 20,20 = 404 € sont payés directement en net sans assujettissement aux cotisations sociales.

Les frais de télétravail

L'employeur peut les rembourser au réel, sur justificatifs, ou au forfait. Les allocations forfaitaires sont exonérées de cotisations différemment selon qu'une convention de branche ou un ANI les prévoit ou pas.

- Si un accord de branche ou un ANI le prévoit, exonération à raison de **13 €** par mois pour 1 jour de télétravail par semaine ou **3,25 €** par jour de télétravail avec dans les 2 cas un plafond mensuel de **71,50 €**.
- Sans accord, exonération à raison de **10,40 €** par mois pour 1 jour de télétravail par semaine ou **2,60 €** par jour de télétravail avec un plafond mensuel de **57,20 €**.

Les télétravailleurs bénéficient également des titres-restaurant.

Les indemnités kilométriques

Lorsque le salarié utilise son véhicule personnel en mission professionnelle, ses frais sont remboursés par des indemnités kilométriques.

Le barème fiscal ne s'impose pas à l'employeur mais sert de référence à l'Urssaf pour apprécier l'exonération de ces indemnités.

Les frais de trajet domicile-lieu de travail

- **La prise en charge de l'abonnement transports en communs :** l'employeur a l'obligation de rembourser 50 % de la valeur de la carte d'abonnement des frais de trajet de tous les salariés qui utilisent les transports en commun.
- **La prime transport :** dispositif facultatif qui permet à l'employeur de prendre en charge les frais de carburant (essence, diesel, électrique ou hydrogène) engagés par le salarié, exonérés de cotisations, de contributions et d'impôts dans la limite de 700 €, dont 400 € de frais de carburant.
- **Le forfait « Mobilités durables » :** l'employeur peut prendre en charge tout ou partie des frais engagés par ses salariés, leur cycle personnel ou à l'aide de services de mobilité partagée. Le forfait « Mobilités durables » est exonéré de cotisations, de contributions et d'impôts dans la limite de 700 €/an ou 800 € en cas de cumul avec la participation obligatoire de 50 %.

Le titre-restaurant

C'est un dispositif optionnel qui permet à l'employeur de financer une partie des frais de repas de ses salariés sans assujettissement aux charges sociales dans la limite de **6,50 €** par chèque déjeuner en 2023.

L'abattement pour frais professionnels

Il s'agit d'un abattement sur la rémunération totale brute incluant le montant des frais professionnels destiné à certaines catégories de personnels. Le pourcentage d'abattement varie selon les professions : 30 % pour les VRP et les journalistes. Pour les ouvriers du bâtiment, l'abattement de 10 % disparaît progressivement de 2024 à 2031.

VALORISER LES RETENUES POUR ABSENCE EN PAIE

FICHE 9

Certaines absences sont rémunérées et d'autres ne le sont pas, mais dans les 2 cas, il convient de valoriser en paie une déduction pour absence qui sera accompagnée, ou pas, d'un paiement.

Comment valoriser une journée d'absence ?

Le législateur n'a pas fixé de mode de calcul précis, ce qui laisse à l'employeur un libre choix de la méthode de calcul à utiliser.

Compte tenu des différentes unités de décompte du temps, il est possible de valoriser les absences en jours calendaires, en jours ouvrables ou en jours ouvrés.

Rappel sur les jours calendaires, jours ouvrables et jours ouvrés

Les jours calendaires sont tous les jours de la semaine, du lundi au dimanche, ce qui fait 7 jours par semaine.

Les jours ouvrables sont tous les jours de la semaine à l'exception des dimanches et jours fériés : il y en a donc 6 par semaine.

Quant aux jours ouvrés, ce sont les jours effectivement travaillés. En l'absence de jour férié, il y a 5 jours ouvrés par semaine.

De plus, il faut prendre en compte la possibilité de compter les jours en moyenne mensuelle ou en fonction de la réalité du mois concerné.

En combinant ces 2 particularités, une journée d'absence vaudra en fonction de l'unité choisie, la fraction du salaire mensuel de référence (SM) suivante :

- **en jours calendaires**
  - moyens : 1/30
  - réels du mois : de 1/28 à 1/31e selon le mois
- **en jours ouvrables**
  - moyens : 1/26
  - réels du mois : de 1/24 à 1/27e selon le mois
- **en jours ouvrés**
  - moyens : 1/21,67 arrondis à 1/22^{e}
  - réels du mois : de 1/18 à 1/23e selon le mois

REMARQUE

La retenue d'une journée d'absence en jours ouvrés moyens, égale à 1/21,67 du salaire mensuel, équivaut à une retenue en heures égale à 7/151,67. Toutes les 2 égales à 0,046.

Cependant, la Cour de cassation a retenu dans son arrêt du 16 janvier 1974, Bull. Civ. V n° 43, que la méthode des heures réelles devait être retenue. Ce qui signifie que toutes les méthodes de retenue exposées ci-dessus restent possibles mais que celle des heures réelles est la plus sûre.

Retenue pour absence =

$$\frac{\text{Nombre d'heures d'absence} \times \text{Salaire mensuel}}{\text{Nombre d'heures réelles du mois}}$$

EXEMPLE

Un salarié à plein temps, travaille 7 heures par jour du lundi au vendredi, à raison de 35 heures par semaine. Il perçoit un salaire de base de 1 900 € et une prime fixe mensuelle de 100 €. Il s'absente sans rémunération du mercredi 12 au vendredi 14 avril 2023 inclus, soit 3 jours ouvrés ou 21 heures. On admet que le mois d'avril 2023 compte 20 jours de travail donc (20 × 7 = 140 heures de travail).

L'entreprise qui a opté pour la méthode des retenues en jours réels du mois va calculer ainsi sa paie d'avril 2023 :

Retenue pour absence pour 3 jours = (1 900 + 100) × 3 / 20 = 300 €

Ou en heures (ce qui revient au même) :

Retenue pour absence pour 21 heures = (1 900 + 100) × 21 / 140 = 300 €

Retenir l'absence ou payer la présence ?

Il reste un dernier choix à réaliser entre la retenue de l'absence et le paiement des présences.

En choisissant la méthode des heures réelles, les 2 résultats sont identiques, en revanche en choisissant la moyenne mensuelle, retenir l'absence et payer la présence donnent des résultats différents.

Tableau de synthèse des différents calculs de retenues d'une semaine d'absence non rémunérée

Un mois de mars comportant 31 jours calendaires, 27 jours ouvrables et 23 jours ouvrés.

		Retenir l'absence	Payer la présence
Jours ouvrés	Nb de jours moyen 21,67	SM – (SM / 21,67 × N)	SM / 21,67 × P
	Nb de jours réel du mois 23	SM – (SM / 23 × N)	SM / 23 × P
Jours ouvrables	Nb de jours moyen 26	SM – (SM / 26 × N)	SM / 26 × P
	Nb de jours réel du mois 27	SM – (SM / 27 × N)	SM / 27 × P
Jours calendaires	Nb de jours moyen 30	SM – (SM / 30 × N)	SM / 30 × P
	Nb de jours réel du mois 31	SM – (SM / 31 × N)	SM / 31 × P

N = nombre de jours d'absence du mois exprimé dans l'unité adéquate.
P = nombre de jours de présence au cours du mois, exprimé dans l'unité adéquate.
SM = salaire mensuel.

VALORISER LES CONGÉS PAYÉS

FICHE 10

Rappel de la loi : le double calcul

Deux modes de calcul sont à réaliser pour payer les congés : le maintien du salaire qu'aurait perçu le salarié s'il avait travaillé et la méthode du dixième de la rémunération perçue au cours de l'année de référence* des congés payés.

Le salarié en congés payés peut donc percevoir plus que le salaire qu'il aurait perçu s'il avait travaillé si la méthode du dixième est plus favorable.

* Dans le cas général, l'année de référence va du 1er juin d'une année au 31 mai de l'année suivante, mais un accord collectif peut définir autrement l'année de référence.

La règle du maintien du salaire

Le salaire à prendre en compte est celui du mois précédant le congé. Toutefois, lorsqu'une augmentation générale de salaire intervient alors que le salarié est en congé, l'indemnité de congé payé doit en tenir compte.

En résumé, les éléments entrant dans le calcul de ce salaire sont tous les éléments de rémunération fixes et mensuels :

- traitement de base ;
- primes fixes mensuelles ;
- montant des heures supplémentaires si celles-ci sont structurelles.

La valorisation d'un jour au maintien de salaire

Pour calculer la valeur d'un jour, on divise le montant de la rémunération mensuelle exposé ci-dessus par un nombre de jours moyens mensuels. Comme il existe 3 unités de jours, en divisant cette rémunération par :

- 30, on obtient la valeur d'1 jour calendaire moyen ;
- 26, on obtient la valeur d'1 jour ouvrable moyen ;
- 21,67 arrondis à 22, on obtient la valeur d'1 jour ouvré moyen.

La méthode du dixième

L'indemnité de congés payés est égale au dixième de la rémunération totale brute perçue par le salarié au cours de la période de référence, à l'exception des primes à caractère annuel, des primes exceptionnelles et des avantages en nature dont le salarié conserve le bénéfice pendant ses congés.

La valorisation d'un jour au dixième

La valeur d'un jour de congé payé au dixième s'obtient en divisant le montant du dixième de la rémunération de référence par le nombre de jours de congés payés acquis.

$$\text{1 jour} = \frac{\text{Un dixième de la rémunération annuelle}}{\text{Nombre de jours de congés payés acquis}}$$

Pour rester cohérent avec le maintien de salaire et comparer des choses comparables, il convient d'exprimer le nombre de jours de congés payés acquis dans la même unité que celle choisie pour valoriser un jour au maintien du salaire.

EXEMPLE

Un salarié est embauché le 1er octobre 2022 à raison de 35 heures par semaine du lundi au vendredi. Son salaire mensuel est de 1800 € auquel s'ajoute une prime d'assiduité de 180 € ainsi qu'un 13e mois versé en décembre. Il prend des congés payés du lundi 3 juillet au lundi 17 juillet 2023 inclus et reprend son travail le mardi 18 juillet 2023.

Le salarié a acquis 20 jours ouvrables de congés durant ses 8 mois de travail (8 × 2,5).

- **Méthode du maintien du salaire**

Au maintien du salaire, 1 jour ouvrable de congé payé vaut :

$$\frac{1800 + 180}{26} = \text{soit } 76{,}15\ €$$

- **Méthode du 1/10e**

Salaires perçus du 1er octobre 2022 au 31 mai 2023 :

8 × (1800 + 180) = 15 840 €

Au 1/10e, 1 jour de congé payé vaut donc :

$$\frac{1584}{20} = 79{,}20\ €$$

La méthode du 1/10e est donc la plus favorable.

Bulletin de paie du mois de juillet 2023			
Rubriques de paie	**Nombre**	**Taux**	**Montant**
Salaire de base	151,67	11,867	**1800 €**
Prime d'assiduité	1800	10	**180 €**
Absence congés payés du 3 au 17 juillet 2023	12*	76,15	**– 913,80 €**
Paiement congés payés du 3 au 17 juillet 2023	12	79,20	**+ 950,40 €**
Total brut soumis			**2016,60 €**

* Le vendredi 14 juillet étant un jour férié, il n'est pas décompté.

Dans ce cas, le salarié en congés payés perçoit plus que le salaire qu'il aurait perçu s'il avait travaillé.

Cas des salariés à temps partiel

Les salariés à temps partiel ont droit au même nombre de jours de congés payés que les salariés à temps plein. La différence se fait sur le paiement des jours de congés calculés partir du salaire à temps partiel.

INDEMNISER LA MALADIE, LA MATERNITÉ, L'ACCIDENT DU TRAVAIL

FICHE 11

L'absence pour maladie est une suspension du contrat de travail qui entraîne, sous conditions d'ancienneté, le paiement d'indemnités journalières de la part de la Sécurité sociale et d'un complément de salaire de la part de l'employeur.

L'employeur doit établir une attestation de salaire transmise à la caisse primaire d'assurance maladie (CPAM) par voie électronique. Cette formalité est progressivement supprimée grâce à la DSN.

Les indemnités journalières de maladie versées par la Sécurité sociale

La CPAM assure en cas de maladie le versement d'indemnités journalières (IJSS) à compter du 4e jour calendaire d'arrêt. Les IJSS sont calculées à raison de 50 % du revenu d'activité antérieur brut des 3 mois qui précèdent la maladie (S3M) divisé par 91,25[1]. Chacun des salaires des 3 mois est retenu dans la limite de 1,8 fois le SMIC du mois de travail précédant l'arrêt. Les indemnités journalières sont soumises aux contributions CSG à 6,2 % et CRDS à 0,5 soit un total de 6,7 %, mais ne sont pas soumises aux cotisations sociales.

IJSS brutes = $\frac{S3M}{91,25} \times 50\ \%$; **IJ nettes** = IJ brutes – 6,7 % IJ brutes

EXEMPLE

M. Duverre est arrêté 7 jours en maladie à compter du lundi 12 juin 2023.

Les indemnités journalières se calculent à partir du salaire brut des mois de mars, avril et mai 2023, retenus dans la limite de 1,8 SMIC mensuel.

Mars 2280 € Avril 2500 € Mai 2280 €

Le salaire brut des 3 mois : (2280 + 2500 + 2280) = 7060 / 91,25 = 77,37 €

L'indemnité journalière brute est égale à : 50 % × 77,37 = 38,68 €

L'indemnité journalière nette est égale à : 38,68 – (6,7 % × 38,68) = 36,09 €

La CPAM verse 4 indemnités journalières pour les 7 jours d'arrêt (3 j. carence) :

Montant total brut des IJSS maladie = 38,68 × 4 = 154,72 €

Montant total net des IJSS maladie = 36,09 × 4 = 144,36 €

Les indemnités journalières de maternité / paternité / adoption

Les IJSS sont versées dès le 1er jour d'arrêt et se calculent à raison de 100 % du salaire net moyen (79 % du brut) des 3 mois qui précèdent l'arrêt, dans la limite du PMSS du mois du dernier jour de travail précédant l'arrêt. Ces IJSS sont seulement assujetties à 6,7 % de contributions sociales.

1. $\frac{365}{12} \times 3$.

Les indemnités journalières d'accident du travail et de maladie professionnelle

Les IJSS sont versées dès le 1er jour d'arrêt de travail, calculées à raison de 60 % (80 % à compter du 29e jour) du salaire brut du mois précédent l'accident du travail, majoré du prorata des primes non mensuelles / 30,42. Ces IJSS sont seulement assujetties à 6,7 % de contributions sociales.

Le complément de salaire de l'employeur

La loi de mensualisation, mise à jour de la loi de modernisation du marché du travail, garantit au salarié qui justifie d'1 an d'ancienneté le versement d'un complément de salaire, après 7 jours de carence en maladie, et sans carence en accident du travail et maladie professionnelle.

Ce complément est fait à hauteur de 90 % de la rémunération brute habituelle pendant 30 jours puis aux deux tiers, soit 66,66 %, pendant 30 autres jours. Chaque période est augmentée de 10 jours par période de 5 ans d'ancienneté supplémentaire sans pouvoir excéder 90 jours chacune. Ce complément est soumis à toutes les cotisations et contributions sociales.

Les durées d'indemnisation légales sont résumées dans le tableau suivant.

	Durée d'indemnisation	
Ancienneté	90 %	66,66 %
1 à moins de 6 ans	30	30
6 à moins de 11 ans	40	40
11 à moins de 16 ans	50	50
16 à moins de 21 ans	60	60
21 à moins de 26 ans	70	70
26 à moins de 31 ans	80	80
31 ans et plus	90	90

Les conventions collectives y apportent de nombreuses améliorations en diminuant l'ancienneté requise, le délai de carence ou en augmentant la hauteur du complément de salaire ou la durée de versement du complément.

La subrogation

La subrogation est le fait, pour l'employeur qui maintient tout ou partie de la rémunération pendant l'arrêt de travail, de percevoir en lieu et place du salarié, les indemnités journalières versées par la Sécurité sociale.

Garantir le net à payer

Dans la mesure où la part de la rémunération assurée par la Sécurité sociale n'est pas soumise à cotisations, le salarié dont la convention collective assure un complément à 100 % perçoit au final un **net à payer supérieur** à celui qu'il aurait perçu s'il avait travaillé.

L'employeur peut maintenir le net à payer habituel du salarié et intégrer une ligne régularisatrice négative intitulée « *Maintien du net* » ou « *Garantie du net* » afin d'éviter de payer plus un salarié en maladie que lorsqu'il travaille.

APPLIQUER LE PLAFOND DE LA SÉCURITÉ SOCIALE ET SES PRORATA

FICHE 12

Définition

Le plafond de Sécurité sociale est un montant annuel qui sert de référence pour le calcul des cotisations sociales.

Pour certaines, il sert de plafond, ce qui signifie qu'aucune cotisation n'est calculée sur la part des salaires qui excède son montant.

Pour d'autres, il sert de valeur de référence pour déterminer les tranches de cotisations (T1, T2 ou TA, TB).

Sa valeur évolue une fois par an, au 1er janvier de chaque année, et le tableau ci-après présente sa valeur pour différentes périodicités de paie.

Plafond applicable en 2023

Périodicité	Plafond 2023
Annuel	43 992 €
Trimestre	10 998 €
Mois	3 666 €
Quinzaine	1 833 €
Semaine	846 €
Jour	202 €
Heure (si durée trav. < 5 h)	27 €

Plafond applicable en cas de paie irrégulière

Lorsque la périodicité de la paie n'est pas mensuelle, le plafond mensuel doit être ajusté *prorata temporis* en fonction de la périodicité de la paie.

Les 3 cas de réduction du plafond de Sécurité sociale

Le plafond est réduit en cas d'entrée ou de sortie en cours de mois, lorsqu'un salarié travaille à temps partiel et lorsqu'il travaille pour plusieurs employeurs.

1. Entrées/sorties et absences non rémunérées en cours de mois

Le plafond mensuel est directement proportionnel au nombre de jours calendaires du mois.

EXEMPLE 1

Un salarié embauché le 15 mars aura pour ce mois un plafond réduit égal à 17/31 du plafond mensuel.

EXEMPLE 2

Un salarié en congés sans solde du 1er au 10 juin aura pour ce mois un plafond réduit égal à 20/30 du plafond mensuel.

2. Salariés à temps partiel

Le plafond peut être abattu sous 3 conditions.

- Le salarié doit être réellement à temps partiel, autrement dit, l'horaire de travail figurant sur son contrat doit être inférieur à la durée légale ou conventionnelle d'un temps plein.
- La rémunération du salarié, s'il travaillait à temps complet, doit être supérieure au plafond.
- Le salarié ne doit pas faire partie des cas exclus de ce type de régime :
  - salariés en chômage partiel ;
  - salariés cotisant à des taux réduits.

Le plafond mensuel abattu est égal à la formule suivante.

$$P = \frac{\text{PMSS} \times \text{Durée du travail inscrite au contrat de travail (+ heures complémentaires éventuelles)}}{\text{Durée légale ou conventionnelle à temps plein}}$$

Il n'y a donc plus à passer par la reconstitution de la rémunération à temps plein du salarié.

3. Salariés à employeurs multiples

Les salariés concernés doivent informer chacun de leurs employeurs de la rémunération totale brute qu'ils ont reçue chaque mois.

Pour ces salariés, le plafond mensuel abattu se calcule de la façon suivante chez chacun des employeurs.

$$P = \frac{\text{Salaire brut perçu chez l'employeur} \times \text{PMSS}}{\text{Salaire total brut chez tous les employeurs}}$$

IMPORTANT

Toutefois, par dérogation à la règle du prorata applicable aux rémunérations plafonnées des salariés à employeurs multiples, la part des cotisations incombant à chaque employeur peut désormais être déterminée comme si le salarié occupait un emploi à temps partiel chez chaque employeur (L. n° 2001-1246, 21 déc. art. 73, II, B. J.O. 26 déc.).

DÉTERMINER LES BASES DES COTISATIONS SOCIALES

FICHE 13

Définition de la base de cotisation

La base de cotisation représente le montant sur lequel les taux de cotisations, salariaux et patronaux, s'appliquent. Ce montant peut représenter la rémunération brute totale ou seulement une part de cette rémunération calculée en fonction du plafond et des tranches de cotisations, ou encore incorporer des montants patronaux.

La base de cotisation portant sur la rémunération totale brute

Lorsque les cotisations s'appliquent sur la rémunération totale brute, la base est toujours égale à la rémunération brute soumise et on a l'égalité suivante :

Base de cotisation = Rémunération totale brute

La base de cotisation limitée au plafond de Sécurité sociale

Lorsque les cotisations s'appliquent sur la rémunération brute dans la limite du plafond de Sécurité sociale, la base est déterminée après comparaison entre la rémunération brute et le plafond. On obtient alors 2 cas de figure.

1. La rémunération brute soumise est < ou = au plafond alors :
   Base de cotisation = Rémunération totale brute
2. La rémunération brute soumise est > au plafond alors :
   Base de cotisation = Plafond

EXEMPLE

Rémunération mensuelle brute totale = 3 800 €
Base de cotisations dans la limite du plafond = 3 666 €

La base de cotisation sur TA et TB pour Pôle emploi et l'APEC

Les tranches TA et TB sont des multiples du plafond de Sécurité sociale : TA = 1 fois le plafond ; TB = 3 fois le plafond.

Ce qui signifie que la base maximum de cotisation à Pôle emploi et à l'APEC est de TA + TB, soit 4 plafonds = 14 664 € par mois.

La base de cotisation sur T1 et T2 pour la retraite complémentaire

Les tranches T1 et T2 sont des montants multiples du plafond de Sécurité sociale : T1 = 1 fois le plafond ; T2 = 7 fois le plafond.

Chaque tranche est constituée d'un plancher et d'un plafond. Ainsi, la T1 mensuelle va d'un plancher égal à 0 jusqu'à un plafond de 3 666 et la T2 va d'un plancher de 3 666 à un plafond de 29 328.

1. Lorsque la rémunération totale brute est < au plafond de la T1 on a alors :

Base de cotisation T1 = Rémunération brute
Base de cotisation T2 = 0

2. Lorsque la rémunération totale brute est > au plafond de la T1 et inférieure au plafond de la T2 on a alors :

Base de cotisation T1 = 1 fois le plafond
Base de cotisation T2 = Rémunération totale – T1

3. Lorsque la rémunération totale brute est > au plafond de la T2 on a alors :

Base de cotisation T1 = 1 fois le plafond
Base de cotisation T2 = 7 fois le plafond

Ce qui signifie que lorsque la rémunération dépasse 8 plafonds (T1 + T2), la partie excédentaire n'est pas soumise à cotisations de retraite complémentaire.

La base des contributions sociales CSG et CRDS

La base des contributions sociales se calcule sur la rémunération totale brute, abattue de 1,75 %, dans la limite de 4 plafonds annuels de Sécurité sociale majorée des montants patronaux des régimes facultatifs (tels que le mutuelle complémentaire, le retraite supplémentaire, le régime de prévoyance).

Base CSG/CRDS = (98,25 % × Rémunération brute totale)
+ Montants patronaux des régimes facultatifs

EXEMPLE

Rémunération brute totale = 3 500 € avec un régime de prévoyance financé par une cotisation patronale de 1,5 % de la rémunération brute.

Base CSG/CRDS = (98,25 % × 3 500) + (1,5 % × 3 500) = 3 491,25 €

CALCULER LES COTISATIONS ET CONTRIBUTIONS SOCIALES OBLIGATOIRES

FICHE 14

Définition

Les cotisations sociales sont des sommes prélevées sur les salaires ou sur des bases forfaitaires destinées au financement des organismes sociaux. En échange de quoi le salarié a droit à des prestations.

Dans la mesure où **elles sont obligatoires et collectives**, les cotisations salariales sont déductibles du net imposable.

On distingue 4 grandes familles de cotisations sociales : les cotisations destinées à la Sécurité sociale, à l'assurance chômage, aux régimes de retraite complémentaire et aux régimes de prévoyance.

Les cotisations et les contributions destinées à la Sécurité sociale

Les différentes cotisations destinées à la Sécurité sociale se calculent soit sur la rémunération brute totale, soit sur la rémunération brute limitée au plafond. Le taux des contributions sociales s'applique sur la rémunération brute abattue de 1,75 % + les parts patronales des régimes facultatifs.

Le montant des cotisations et des contributions sociales est versé par l'employeur à l'Union de recouvrement de Sécurité sociale et d'allocations familiales, l'Urssaf.

Les cotisations destinées à l'assurance chômage (Pôle emploi)

Elles sont prélevées avec un taux uniforme sur la TA et TB de la rémunération avec une base limitée au plafond de la tranche B. Elles couvrent le risque perte d'emploi. Les cotisations destinées à l'assurance chômage sont versées à l'Urssaf.

Les cotisations destinées aux régimes de retraite complémentaire

L'organisation des régimes de retraite complémentaire en France repose sur le principe de répartition qui consiste à utiliser les contributions des actifs cotisants pour verser leur pension aux personnes retraitées. Le système est basé sur la solidarité entre les générations de travailleurs.

Les 2 principaux régimes de retraite complémentaire qui assuraient les salariés du secteur privé sont l'Association des régimes de retraite complémentaire, l'ARRCO, et l'Association générale des institutions de retraite des cadres, l'AGIRC, qui ont fusionné. Ce nouveau régime assure l'avenir de la retraite complémentaire, la renforce et simplifie sa gestion. Il garantit la reprise des droits et obligations des régimes actuels et la conversion des points acquis dans les 2 régimes anciens.

L'APEC destinée aux seuls cadres prélève ses cotisations sur les TA+TB. Les cotisations destinées aux retraites complémentaires seront versées à l'Urssaf à compter de 2024.

Les cotisations destinées aux régimes de prévoyance

Une cotisation minimum de 1,5 % portant sur la tranche A reste obligatoire pour les salariés cadres si aucun nouvel accord est signé.

Le tableau ci-après présente le taux des cotisations sociales obligatoires en vigueur au 1er janvier 2023.

Cotisations et contributions sociales sur salaires au 1er janvier 2023

Organisme	Libellé Cotisation	Base	Tx salarial	Tx patronal	Total	Observations
Urssaf	Maladie, Maternité, Invalidité, Décès	Rémunération totale > 2,5 SMIC annuel Rémunération totale ≤ 2,5 SMIC annuel	- -	13 7	13 7	
	Maladie, Maternité, Invalidité, Décès	Rémunération totale > 2,5 SMIC annuel Rémunération totale ≤ 2,5 SMIC annuel	1,30 1,30	13 7	14,30 8,30	Dépt. Alsace Moselle Dépt. Alsace Moselle
	Vieillesse	Dans la limite du plafond	6,90	8,55	15,45	
	Vieillesse	Rémunération totale	0,40	1,90	2,30	
	Autonomie	Rémunération totale	-	0,30	0,30	
	Allocations familiales	Rémunération totale > 3,5 SMIC annuel	-	5,25	5,25	
	Allocations familiales	Rémunération totale ≤ 3,5 SMIC annuel	-	3,45	3,45	
	Accidents du travail	Rémunération totale	-	Variable	Variable	
	FNAL	Dans la limite du plafond	-	0,10	0,10	Entreprise < 50 salariés
	FNAL	Rémunération totale	-	0,50	0,50	Entreprise ≥ 50 salariés
	Versement mobilité	Rémunération totale	-	-	-	Entreprise ≥ 11 salariés
	Dpt 75 & 92			2,95	2,95	
	Contribution au dialogue social	Rémunération totale	-	0,016	0,016	
	Forfait social	Part patronale prévoyances complémentaires	-	8	8	Entreprise ≥ 11 salariés
	Forfait social	Parts patronales : – retraite supp. – intéressement – participation – ind. rupture conventionnelle individuelle	-	20	20	 Entreprise ≥ 250 salariés Entreprise ≥ 50 salariés
	CSG Non soumise à l'impôt	(98,25 % × Rémunération totale) + Parts patronales : – retraite supp. – prévoyance – mutuelle	6,80	-	6,80	
	CSG soumise à l'impôt		2,40	-	2,40	

Organisme	Libellé Cotisation	Base	Tx salarié	Tx patronal	Total	Observations
	CRDS soumise à l'impôt		0,50	-	0,50	
Pôle emploi	Assurance chômage	Tranches A+B	-	4,05	4,05	
	AGS	Tranches A+B	-	0,15	0,15	
Retraites complémentaires	Retraite cadres et non-cadres	Tranche 1	3,15	4,72	7,87	
		Tranche 2	8,64	12,95	21,59	
	Contribution équilibre général (CEG)	Tranche 1	0,86	1,29	2,15	
		Tranche 2	1,08	1,62	2,70	
	Contribution équilibre technique (CET) si rem. brute > Plafond	Tranche 1+2	0,14	0,21	0,35	
	APEC pour les cadres	Tranches A+B	0,024	0,036	0,06	
Prévoyance (minimum)	Assurance-décès (seulement pour les cadres)	Tranche A	-	1,50	1,50	
Complémentaire santé	Mutuelle	Socle minimal	50 %	50 %	100 %	

Le Bonus-Malus

Les employeurs de plus de 11 salariés relevant de 7 secteurs d'activité se voient appliquer un système de Bonus-Malus sur les cotisations patronales de chômage. Ce Bonus-Malus s'applique sur les cotisations patronales de chômage en fonction du nombre de CDD conclus et du secteur d'activité notamment.

FICHE 15

RÉGULARISER PROGRESSIVEMENT LES BASES DE COTISATIONS

La régularisation annuelle

Certaines cotisations sont calculées dans la limite du plafond de Sécurité sociale. Ce dernier étant annuel, c'est avec la rémunération annuelle brute qu'il faut le comparer.

Mais comme la paie est réalisée au mois, on compare la rémunération brute mensuelle à un plafond mensuel, égal à 1/12e du plafond annuel, pour déterminer les bases des cotisations plafonnées.

Comment l'appliquer ?

Ainsi, chaque mois quand la rémunération mensuelle est inférieure au plafond mensuel, la base des cotisations plafonnée est la rémunération mensuelle. Et quand la rémunération mensuelle est supérieure au plafond, la base de cotisation plafonnée est égale au plafond. Mais cette pratique qui est juste sur un mois ne l'est pas forcément sur toute une année. La rémunération d'un mois peut être supérieure ou inférieure au plafond mensuel sans présager de ce que sera la situation de la rémunération annuelle par rapport au plafond annuel.

La régularisation progressive est obligatoire

Pratiquer la régularisation progressive revient à comparer chaque mois le cumul des rémunérations avec le cumul des plafonds. Ainsi en janvier on compare la rémunération de janvier avec le plafond mensuel, mais en février on compare la somme des rémunérations de janvier et de février avec 2 plafonds mensuels de Sécurité sociale.

La régularisation progressive des bases de cotisations permet d'éviter des rappels aux salariés et de verser régulièrement les cotisations aux organismes sociaux.

Avec régularisation progressive

- **Janvier 2023**

Rémunération mensuelle brute de janvier 2023 = 3 800 €

Plafond mensuel de Sécurité sociale 2023 = 3 666 €

Base de cotisations plafonnée de janvier 2023 = 3 666 €

- **Février 2023**

Rémunération mensuelle brute de février 2023 = 3 000 €

Plafond mensuel de Sécurité sociale 2023 = 3 666 €

À fin février 2023, il faut comparer la rémunération brute cumulée de 6 800 € (3 800 + 3 000) à 2 plafonds mensuels soit 7 332 €. À l'évidence, à la fin de ces 2 mois, notre salarié a une rémunération inférieure au plafond cumulé. Il doit cotiser sur une base égale à sa rémunération brute, 6 800 €. Comme en janvier il n'a cotisé que sur 3 666, en février, il doit cotiser sur 3 134 €.

La régularisation des bases de cotisations de février 2023 :

— base de cotisation plafonnée de février 2023 = (6 800 – 3 666) = 3 134 €

• Mars 2023

Rémunération mensuelle brute de mars 2023 = 5 000 €

Plafond mensuel de Sécurité sociale = 3 666 €

À fin mars, on compare la rémunération brute cumulée de 11 800 € à 3 plafonds mensuels soit 10 998 €. Les bases de cotisations plafonnées de janvier + février = 3 666 + 3 134 = 6 800 €. Il faut cotiser sur 3 666 + 532 = 4 198 €.

La régularisation des bases de cotisation de mars 2023 :

— base de cotisation plafonnée (ou T1) de mars 2023 = 3 666 + 532 = 4 198 €
— au-delà du plafond ou base T2 = 802 €

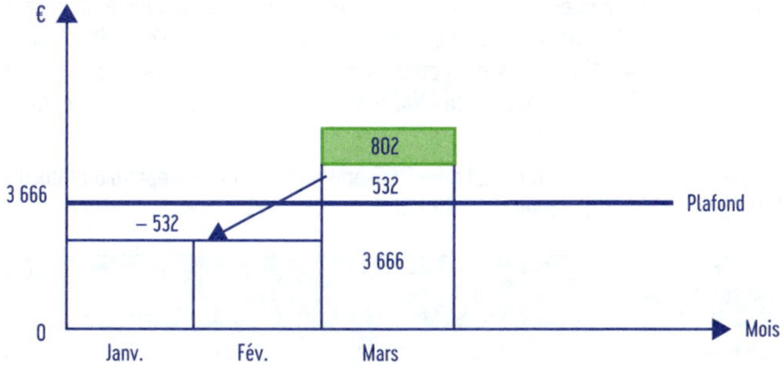

Lorsque chaque mois les rémunérations sont supérieures au plafond mensuel, il n'y a pas lieu de pratiquer cette régularisation, pas plus qu'il n'y a lieu de le faire si ces rémunérations mensuelles lui sont toujours inférieures.

FICHE 16

CALCULER LA RÉDUCTION GÉNÉRALE DES COTISATIONS

La réduction générale des cotisations patronales vise à réduire le montant des cotisations sur la part des rémunérations < 1,6 SMIC. Elle se calcule chaque mois sur la rémunération perçue par le salarié tout au long de l'année, à partir d'un coefficient appliqué sur cette rémunération. La réduction s'applique à tous les salariés apprentis et contrats de professionnalisation inclus.

La formule de calcul

Le coefficient est fonction des taux patronaux des cotisations obligatoires destinées aux organismes sociaux. L'objectif est que le montant de la réduction soit égal à celui des cotisations patronales dues pour une rémunération égale au SMIC (*avec 7 % pour la maladie, 10,45 % pour la vieillesse, 0,30 % pour l'autonomie, 3,45 % pour les allocations familiales, 0,55 % pour l'accident du travail et 0,10 % ou 0,50 % pour le FNAL + 6,01*[1] *pour la retraite complémentaire et 4,05 pour le chômage*).

Le coefficient maximal pour 2023 pour l'ensemble des salariés dépend du taux du FNAL applicable en fonction de l'effectif.

Période de 2023 concernée	Entreprise avec FNAL à 0,10 %	Entreprise avec FNAL à 0,50 %
Du 1er janvier au 31 décembre 2023	0,3191	0,3231

$$\frac{\text{Coefficient maximal}}{0,6} \times \left[1,6 \times \left(\frac{\text{SMIC annuel}}{\text{Rémunération brute annuelle}}\right) - 1\right]$$

Le montant de la réduction est maximal pour une rémunération égale au SMIC et s'annule pour les rémunérations supérieures ou égales à 1,6 fois le SMIC.

Le cas des salariés à temps partiel

Le montant mensuel du SMIC est réduit à proportion du rapport entre la durée de la semaine travaillée et la durée légale lorsque le décompte des heures est hebdomadaire, entre la durée mensuelle prévue au contrat et 151,67 heures lorsque ce décompte est mensuel.

Sont concernés également par cette modalité de calcul, même s'il ne s'agit pas *stricto sensu* de temps partiel en droit du travail :

- les salariés dont la durée collective de travail est inférieure à 35 heures ;
- ceux dont le forfait jours comporte moins de 218 jours ou moins que le forfait prévu par accord ;
- ceux dont la durée annuelle de travail est inférieure à 1607 heures.

1 Le taux de 6,01 est le taux maximum retenu pour la retraite complémentaire, mais il peut être inférieur si la part patronale est inférieure à 60 % du taux total.

Le cas des salariés n'effectuant pas un mois de travail complet

Pour les salariés n'effectuant pas un mois de travail complet en raison d'une embauche ou d'un départ en cours de mois ou d'une absence non rémunérée, on prorate le SMIC selon les mêmes dispositions que pour l'établissement de la paie (méthode de calcul de l'horaire réel ou méthode forfaitaire, calcul en base horaire ou journalière, etc.).

Le cas des salariés dont le contrat de travail est suspendu avec maintien partiel de la rémunération

En cas de suspension du contrat de travail avec maintien partiel de la rémunération, le montant mensuel du SMIC servant au calcul du coefficient est réduit selon le pourcentage de la rémunération soumise à cotisations demeurée à la charge de l'employeur.

$$\frac{\text{Montant total de la rémunération soumise à cotisations}}{\text{Rémunération qui aurait été versée si le contrat de travail avait continué à être exécuté}}$$

EXEMPLE

Madame Jeanne est caissière costumée au salaire mensuel de base de 1820,04 € dans une entreprise qui compte 75 salariés. Sa rémunération brute du mois de janvier 2023 est la suivante :

Bulletin de paie de janvier 2023 :

• Salaire de base :	151,67 × 12 =	1820,04 €
• Heures suppl. à 25 % :	8 × 15 € =	120 €
• Temps d'habillage :	22 × 5 =	110 €
Total brut		**2050,04 €**

Calcul de la réduction générale de cotisations

Calcul du coefficient :

(0,3231 / 0,6) × [1,6 × 11,27 × (1820/12 + 8) / 2050,04 – 1] = 0,2178

Montant de la réduction générale de cotisations : 2050,04 × 0,2178 = 446,50 €

L'imputation de la réduction

Le montant global de la réduction générale des cotisations devra être imputé proportionnellement à l'Urssaf et à l'AGIRC-ARRCO.

FICHE 17

CALCULER LE SOLDE DE TOUT COMPTE (STC)

Lors du départ définitif d'un salarié, il est nécessaire de lui établir sa paie de départ afin de lui régler toutes les sommes qui lui sont dues.

Selon le motif du départ, démission, licenciement ou départ à la retraite, des sommes spécifiques sont à payer.

La retenue pour entrée et sortie lors d'un départ en cours de mois

Elle peut se calculer de plusieurs manières différentes qui ne reviennent pas au même financièrement. La méthode des retenues pour absence en fonction de l'horaire réel est alors préconisée (*voir fiche 9*).

Le solde des primes annuelles

Les modalités de paiement de ces primes sont régies par les conventions de branche ou d'entreprise. Elles sont généralement payées au *prorata temporis* en 1/360e.

L'indemnité compensatrice des congés payés

Cette indemnité correspond au paiement des jours de congés payés non pris de l'année écoulée et de l'année en cours. Son calcul suit les mêmes modalités que celui des congés payés (*voir fiche 10*) ; il est le résultat du calcul le plus favorable entre le maintien du salaire et le dixième.

L'indemnité légale de départ à la retraite

Le départ volontaire à la retraite est la manifestation explicite du salarié de rompre son contrat de travail pour prendre sa retraite, alors que la mise à la retraite est la décision unilatérale de l'employeur de mettre fin au contrat de travail d'un salarié qui a au moins 70 ans mais qui ne souhaite pas prendre sa retraite.

L'indemnité légale est égale à :

- 0,5 mois à partir de 10 ans d'ancienneté ;
- 1 mois à partir de 15 ans ;
- 1,5 mois à partir de 20 ans ;
- 2 mois à partir de 30 ans.

L'indemnité légale de licenciement

Cette indemnité est due lors des licenciements pour motif économique et pour cause réelle et sérieuse avec une ancienneté d'au moins 8 mois.

La faute grave et la faute lourde à l'origine du licenciement sont privatives du paiement de l'indemnité de licenciement.

La loi fixe son montant à 1/4 de mois de salaire par année d'ancienneté pour les 10 premières années, plus 1/3 de mois pour les années au-delà de 10.

La valeur du mois résulte de la plus avantageuse des moyennes entre les 12 mois qui précèdent la notification du licenciement et les 3 mois qui précèdent la date de la rupture effective du contrat de travail.

Le calcul de l'indemnité de licenciement est souvent révisé à la hausse par les conventions collectives de branche.

L'indemnité légale ou conventionnelle de licenciement n'est pas soumise aux contributions ni aux cotisations sociales, pas plus qu'à l'impôt, dans la limite de 2 plafonds annuels.

L'indemnité de rupture conventionnelle

Elle est au moins égale au montant de l'indemnité légale ou conventionnelle de licenciement.

Le prorata du plafond mensuel

En cas de départ en cours de mois il convient de rendre le plafond mensuel de la Sécurité sociale proportionnel au nombre de jours de présence du salarié.

Ainsi, le plafond de sortie du mois de mars sera égal à autant de 1/31e du plafond mensuel que de jours calendaires de présence du salarié.

EXEMPLE

Un salarié qui sort le 16 mars 2023 aura, pour sa dernière paie de mars, un plafond mensuel égal à : $\frac{3\,666\text{ €}}{31} \times 16 = 1892{,}13\text{ €}$

La précarité d'emploi

Indemnité versée à la fin du contrat à durée déterminée. Son montant équivaut à 10 % du total des rémunérations perçues exceptée l'indemnité de congés payés (6 % si une convention de branche le prévoit).

FICHE 18 | SOUMETTRE LES INDEMNITÉS DE RUPTURE AUX COTISATIONS, CONTRIBUTIONS ET À L'IMPÔT

Parmi les nombreuses indemnités versées à l'occasion du départ (*voir fiche 16*), certaines, considérées comme du salaire, sont totalement soumises socialement et fiscalement.

Il s'agit des indemnités :

- compensatrices de préavis ;
- compensatrices de congés payés ;
- de RTT non pris ;
- de précarité d'emploi ;
- de non-concurrence ;
- de départ volontaire à la retraite.

Pour les indemnités liées au départ ayant le caractère de dommages et intérêts, comme :

- l'indemnité de licenciement ;
- l'indemnité de rupture conventionnelle ;
- l'indemnité de mise à la retraite.

Il faut raisonner différemment pour les impôts, les cotisations et les contributions et respecter les 3 étapes qui suivent.

Étape 1 – Le régime fiscal

Cette étape consiste à déterminer la part des indemnités qui est exonérée d'impôt sur le revenu conformément aux règles fiscales. Les indemnités de rupture sont exonérées d'impôt à hauteur de la plus élevée des 2 limites suivantes soit :

- 50 % des indemnités de rupture ;
- 2 fois la rémunération annuelle brute de A–1.

La fraction éxonérée ne peut excéder 6 pass (ou 5 pass en cas de mise à la retraite).

Étape 2 – Les cotisations de la Sécurité sociale

Les indemnités de rupture sont exonérées de cotisations de Sécurité sociale à hauteur de la moins élevée des 2 limites suivantes, soit :

- la part exonérée d'impôt sur le revenu (voir étape 1) ;
- la limite de plafonnement de l'exonération de cotisations, à savoir 2 plafonds annuels de la Sécurité sociale (PASS) : 87 984 € en 2023.

Étape 3 – Les contributions sociales : CSG/CRDS

Les indemnités de rupture sont exonérées de CSG/CRDS à hauteur de la moins élevée des 2 limites suivantes, soit :

- la part exonérée des cotisations (voir étape 2) ;
- la part correspondant au montant légal ou conventionnel de l'indemnité de rupture.

Régime fiscal des principales indemnités versées lors de la rupture

Type d'indemnité	Montant	Régime fiscal
Indemnité de précarité d'emploi		Soumise
Indemnité de départ volontaire à la retraite hors plan de sauvegarde de l'emploi PSE		Soumise
Indemnité de départ volontaire à la retraite avec PSE		Exonérée en totalité
Indemnité de licenciement ou de mise à la retraite hors PSE	Montant = Ind. légale ou conventionnelle de licenciement	Exonérée en totalité
	Montant > Ind. légale ou conventionnelle de licenciement	Exonérée à hauteur de la plus élevée des 2 limites (voir étape 1)
Indemnité de licenciement ou de mise à la retraite avec PSE		Exonérée en totalité
Indemnité de rupture conventionnelle d'un salarié ne pouvant pas bénéficier d'une pension vieillesse	Montant = Ind. légale ou conventionnelle de licenciement	Exonérée en totalité
	Montant > Ind. légale ou conventionnelle de licenciement	Exonérée à hauteur de la plus élevée des 2 limites (voir étape 1)
Indemnité de rupture conventionnelle d'un salarié pouvant bénéficier d'une pension vieillesse		Soumise
Indemnité transactionnelle (majorée du montant de l'indemnité de licenciement)		Exonérée à hauteur de la plus élevée des 2 limites (voir étape 1)

Régime social des principales indemnités versées lors de la rupture

Type d'indemnité	Cotisations sociales	Contributions sociales CSG et CRDS
Indemnité de précarité d'emploi	Soumise	Soumise
Indemnité de départ volontaire à la retraite hors PSE	Soumise	Soumise*
Indemnité de départ volontaire à la retraite avec PSE	Exonérée dans la limite de 2 PASS	Exonérée jusqu'au montant légal ou conventionnel de l'indemnité Assujettie au moins pour la part soumise à cotisations*
Indemnité de licenciement ou de mise à la retraite hors PSE	La part d'indemnité exonérée d'impôt est exonérée de cotisations sociales dans la limite de 2 PASS + contribution patronale de 50 % de l'indemnité de mise à la retraite	Exonérée jusqu'au montant légal ou conventionnel de l'indemnité Assujettie au moins pour la part soumise à cotisations*
Indemnité de licenciement ou de mise à la retraite avec PSE	Exonérée dans la limite de 2 PASS + contribution patronale de 50 % de l'indemnité de mise à la retraite	Exonérée jusqu'au montant légal ou conventionnel de l'indemnité Assujettie au moins pour la part soumise à cotisations*
Indemnité de rupture conventionnelle d'un salarié ne pouvant pas bénéficier d'une pension de vieillesse	La part d'indemnité exonérée d'impôt est exonérée de cotisations sociales dans la limite de 2 PASS	Exonérée jusqu'au montant légal ou conventionnel de l'indemnité Assujettie au moins pour la part soumise à cotisations*
Indemnité de rupture conventionnelle d'un salarié pouvant bénéficier d'une pension de vieillesse	Soumise	Soumise*
Indemnité transactionnelle (majorée du montant de l'indemnité de licenciement)	La part d'indemnité exonérée d'impôt est exonérée de cotisations sociales dans la limite de 2 PASS	Exonérée jusqu'au montant légal ou conventionnel de l'indemnité de licenciement Assujettie au moins pour la part soumise à cotisations*

*Sans abattement d'assiette.

PAYER LES CHARGES SOCIALES OBLIGATOIRES

FICHE 19

Les charges sociales, salariales et patronales sont calculées par l'employeur à qui il incombe de les verser aux organismes sociaux concernés. L'employeur paye donc les charges sociales à la Sécurité sociale et à Pôle emploi via l'Urssaf et aux caisses de retraite complémentaire et de prévoyance.

Les dates d'exigibilité des cotisations sociales

Désormais, le paiement des charges sociales est soumis au respect de dates fixes. Pour les cotisations destinées à l'Urssaf et à Pôle emploi, ces délais sont déterminés en fonction de l'effectif de l'entreprise et suivent la période d'emploi au titre de laquelle les rémunérations sont dues.

Date d'exigibilité des cotisations Urssaf et de la DSN

	Paiement du mois M	Cotisations Urssaf	DSN
Moins de 11 salariés	Quelle que soit la date	Le 15 du mois suivant le trimestre civil (15 avril, 15 juillet, 15 octobre, 15 janvier)	Le 5 du mois M+1
Moins de 50 salariés	Quelle que soit la date	Le 15 du mois M+1	Le 15 du mois M+1
50 salariés et +	Mois M	Le 5 du mois M+1	Le 5 du mois M+1
	Mois M+1	Le 15 du mois M+1	Le 15 du mois M+1

Le calcul des effectifs

L'effectif est calculé au niveau de l'entreprise, tous établissements confondus, en additionnant les effectifs fin de mois des 12 mois de l'année civile précédente et en divisant le nombre obtenu par 12.

Les salariés à temps partiel sont pris en compte au *prorata temporis*. Les CDD qui remplacent un salarié absent ne sont pas comptés.

Les cotisations sociales destinées à l'Urssaf et à Pôle emploi

La fréquence de la déclaration et du paiement des cotisations dues à l'Urssaf et à Pôle emploi est fonction de la taille de l'entreprise, mesurée par son effectif moyen de l'année écoulée.

Chaque versement à l'Urssaf et à Pôle emploi est obligatoirement accompagné de la déclaration des données sociales nominatives (DSN).

L'employeur indique les salaires bruts arrondis et leur applique la somme des pourcentages de cotisations pour trouver le montant dû.

Récapitulation des cotisations sociales dues à l'Urssaf

Cotisations du 01/01/2023 au 31/01/2023					
Identification entreprise Adresse : N° SIRET : N° NAF :		Urssaf d'Ile-de-France 93518 Montreuil			
Salaires versés le : 31/01/2023					
	Code et libellé de la cotisation	Nb salariés assurés	Base	Taux ou quantité	Montant
072D	Cont. dial. soc	76	358777	0,016	57
100A	AT Cas général	76	358777	1,10	3947
100D	Cas général	76	358777	13,05	46820
635	Mal. Taux plein	70	347738	6,00	20864
100P	Cas général	76	229177	15,45	35408
236D	FNAL	76	358777	0,50	1794
260	CSG CRDS	76	367141	*9,70*	*35613*
430D	AF Taux plein	70	347738	1,80	6259
479	Forfait social	76	14642	8,00	1171
671	Réduc. géné. cotis.	6			– 1388
772	Cont. chômage	76	358777	4,05	14530
900	Mobilité	76	358777	2,95	10584
937	AGS	76	358777	0,15	538
	TOTAL				**176198**

Tout retard de paiement des cotisations à l'Urssaf entraîne le paiement d'une pénalité de 10 % du montant des cotisations dues.

Les cotisations sociales destinées aux caisses de retraite et de prévoyance

En ce qui concerne les caisses de retraite complémentaire et les caisses de prévoyance, les cotisations doivent être payées mensuellement, le 25 de M+1.

ÉLABORER LA DÉCLARATION SOCIALE NOMINATIVE (DSN)

FICHE 20

La DSN repose sur la transmission unique, mensuelle et dématérialisée des données issues de la paie et la transmission dématérialisée d'événements. Elle remplace progressivement toutes les déclarations sociales existantes. Elle est souscrite mensuellement par établissement et pour chaque salarié.

Périmètre déclaratif couvert par la DSN

La DSN remplace 6 déclarations types :

- l'attestation de salaire pour le versement des indemnités journalières (DSIJ) ;
- l'attestation employeur destinée à Pôle emploi (AE) ;
- la déclaration et l'enquête de mouvements de main-d'œuvre (DMMO et EMMO) ;
- la radiation des contrats groupe pour les contrats en assurance complémentaire et supplémentaire ;
- la déclaration unifiée des cotisations sociales (DUCS) pour l'URSSAF en phase 2 ainsi que le BRC et le TR ;
- le relevé mensuel de mission (RMM) pour les entreprises de travail temporaire (ETT) en phase 2.

Liste des données constitutives de la DSN

Ce sont des données identifiant l'employeur et le salarié, l'emploi exercé par le salarié et le lieu d'activité ainsi que les dates de début et de fin du contrat de travail pour les CDD. Le détail de la rémunération versée au salarié en M–1 accompagné de l'assiette des cotisations et contributions sociales.

Données concernant un certain nombre d'évènements sur le salarié tels que les dates extrêmes des arrêts de travail pour maladie, maternité/paternité, les dates extrêmes des arrêts de travail pour risque professionnel (accident du travail/maladie professionnelle), la date et le motif de la fin du contrat de travail pour les CDI.

Dates d'exigibilité de la DSN

Elle est envoyée au plus tard le 5 du mois civil suivant lorsque les cotisations sont versées mensuellement et au plus tard le 15 du mois civil suivant pour les employeurs payant leurs cotisations au 15 ou au trimestre.

Cependant, certains évènements doivent être déclarés dans un délai de 5 jours ouvrés quand ceux-ci ont des conséquences sur l'ouverture des droits des salariés : la fin du contrat de travail et les arrêts de travail lorsque l'employeur n'est pas subrogé dans le droit aux IJ du salarié.

Dates de transmission de la DSN

DSN mensuelle	
Règle générale	• Le 5 du mois suivant la période d'emploi pour les employeurs d'au moins 50 salariés versant la paie au cours du même mois • Le 15 du mois suivant dans les autres cas

DSN événementielle	
Fin de contrat	Au plus 5 jours ouvrés suivant la réalisation de l'événement
Fin de CDD	En même temps que la DSN mensuelle
Début et fin d'arrêt de travail	• Si l'employeur est subrogé : en même temps que la DSN mensuelle • Si l'employeur n'est pas subrogé : au plus tard 5 jours ouvrés suivant la connaissance de l'événement

Présentation de la DSN

La déclaration est constituée de blocs d'informations appelés rubriques, liés entre eux dans une arborescence structurée. Chaque bloc est caractérisé par un identifiant (par exemple : S21.G00.30), un nom (dans cet exemple : individu), une description éventuelle et la liste des rubriques qu'il contient sont classées dans un certain ordre.

Les rubriques qui identifient un modèle de déclaration sociale nominative ou signalement entre S10 et S90 sont les suivantes :

- nature de la déclaration S20.G00.05.001 ;
- type de la déclaration S20.G00.05.002.

Structuration en blocs et rubriques

Les rubriques sont réparties en blocs. Chaque rubrique appartient à un bloc qui contient une ou plusieurs rubriques. Chaque bloc concerne un item particulier telle que l'entreprise, l'individu, le contrat ou le versement individu et les rubriques en sont les détails.

EXEMPLE 1

Structure : S21
Groupe : S21.G00
Bloc : S21.G00.11
Rubrique : S21.G00.11.001

EXEMPLE 2

2 BLOCS DE LA DSN DU MOIS DE MAI 2023

S21 G00.50 Versement individu

- S21 G00.50.001 : 25052023
- S21 G00.50.002 : 1425
- S21 G00.50.004 : 1300

S21 G00.51 Rémunération

- S21 G00.51.001 : 01052023
- S21 G00.51.002 : 31052023
- S21 G00.51.009 : 01012012
- S21 G00.51.010 : 00000
- S21 G00.51.011 : Rémunération brute non plafonnée
- S21 G00.51.013 : 1625

PRÉLEVER L'IMPÔT À LA SOURCE

FICHE 21

Le prélèvement à la source (PAS) de l'impôt sur les revenus concerne les traitements et salaires net imposables, les pensions, les revenus de remplacement et autres revenus fonciers.

Appliquer le taux de PAS

L'administration fiscale a calculé le taux d'imposition des salariés et l'a communiqué aux employeurs depuis le mois de septembre 2022 pour prélèvement de l'impôt sur les revenus de 2023.

Chaque taux de PAS est valable pendant les 2 mois qui suivent sa mise à disposition via la DSN mais c'est le dernier taux communiqué qu'il faut appliquer en priorité.

Le taux neutre

Le « taux neutre » peut être appliqué à la demande du salarié, pour les CDD courts dont la durée initiale est inférieure ou égale à 2 mois et pour les salariés nouvellement embauchés.

Le taux neutre provient de 3 grilles de rémunérations mensuelles imposables par tranches : une applicable en France métropolitaine, une en Martinique-Guadeloupe-La Réunion et une en Guyane-Mayotte. Les limites mensuelles des tranches des grilles de taux neutres ne sont jamais proratisées, même si la période rémunérée est inférieure au mois.

Pour les contrats courts ≤ 2 mois

L'employeur pratique un abattement forfaitaire de 50 % du SMIC mensuel net imposable sur la base fiscale, sans proratisation en cas d'absences non rémunérées ou d'entrée en cours de sortie.

EXEMPLE

Un contrat court perçoit pour le mois de janvier 2023 une rémunération nette fiscale de 1 320 € ramenée à (1 320 – 701* = 619 €) en dessous du plancher de la première tranche : son taux provisoire appliqué sur la paie de janvier est égal à zéro.

* Montant à confirmer.

Répondre aux 3 obligations de l'administration fiscale

- Appliquer le taux transmis par l'administration fiscale. L'entreprise n'aura pas à appliquer de taux de manière rétroactive.
- Retenir le prélèvement à la source sur le salaire net à verser au titre du mois M, en appliquant le taux au salaire net imposable.
- Reverser en M + 1 à l'administration fiscale les prélèvements à la source du mois M.

Présenter le bulletin de paie

Le prélèvement à la source apparaît clairement sur la fiche de paie par les mentions du montant du salaire avant le prélèvement à la source et après le prélèvement avec l'assiette, le taux et le montant de la retenue effectuée au titre du PAS.

Appliquer le PAS sur les indemnités journalières (IJ) imposables subrogées

Le prélèvement à la source s'applique aux seules IJ imposables subrogées (montant IJ brut – 3,8 % de CSG déductible). Pour rappel les IJ pour affection de longue durée ne sont pas imposables et les IJ pour risque professionnel sont imposables pour moitié de leur montant. En cas de subrogation, c'est l'employeur qui réalise le prélèvement sur le montant des IJ sans pour autant les intégrer aux revenus imposables et ce, afin de ne pas les imposer 2 fois. Ces IJ sont soumises au PAS durant les 2 premiers mois d'arrêt de travail (60 jours – 3 jours de carence de la Sécurité sociale) en cas de maladie ordinaire et sans limite de durée pour les IJ pour maternité et pour risque professionnel.

Appliquer le PAS en cas de saisie, arrêt ou avis à tiers détenteur

Le PAS modifie la quotité saisissable sur la rémunération du salarié. Cette quotité saisissable se calcule sur la rémunération imposable déduction faite des cotisations sociales et du PAS.

PRÉSENTER L'ÉPARGNE SALARIALE

FICHE 22

Définition

L'épargne salariale est un système d'épargne qui associe le salarié aux résultats de l'entreprise. Le salarié choisit le ou les types d'investissements qui lui conviennent et l'entreprise peut inciter l'épargne par un versement complémentaire.

Ce système offre des avantages sociaux et fiscaux aux salariés comme aux entreprises.

L'épargne salariale est constituée de plusieurs dispositifs : intéressement, participation et plans d'épargne.

L'intéressement

Système de rémunération, collectif et facultatif, présentant un caractère aléatoire qui résulte d'un calcul lié aux performances de tout ou partie de l'entreprise. La mise en place de l'intéressement est subordonnée à la conclusion d'un accord qui est valable 3 ans. Les sommes ainsi attribuées aux salariés sont exonérées de cotisations sociales, mais restent assujetties aux contributions sociales et à l'impôt. Le forfait social à 20 % n'est dû que pour les entreprises dont l'effectif est ≥ 250 salariés.

La participation

Système de répartition des résultats de l'entreprise, obligatoire dans les entreprises employant habituellement au moins 50 salariés.

Un accord de participation est nécessaire pour préciser, entre autres, les modalités de répartition des droits, l'information des salariés ainsi que les modes de gestion de la réserve spéciale de participation (RSP). Cette réserve répond à la formule de droit commun suivante.

$$\mathbf{RSP} = \tfrac{1}{2}\,(B - 5\ \%\ CP) \times MS\ /\ VA$$

Avec B = bénéfice net, CP = capitaux propres, MS = masse salariale, VA = valeur ajoutée.

Le montant de la participation est soumis aux contributions sociales, CSG et CRDS, mais, sous réserve d'un blocage d'au moins 5 ans, le salarié bénéficie d'une exonération totale de charges sociales et d'impôt. Il n'y a plus de forfait social sur le montant de la participation pour les entreprises dont l'effectif est < 50 salariés. Le forfait social à 20 % n'est dû que pour les entreprises dont l'effectif est > 50 salariés.

Le plan d'épargne d'entreprise (PEE)

Système d'épargne collectif permettant aux salariés de l'entreprise de participer, avec l'aide de celle-ci, à la constitution d'un portefeuille de valeurs mobilières. Le salarié peut y affecter les sommes issues de la participation et de l'intéressement mais peut également y faire des versements volontaires à partir de ses revenus disponibles et l'entreprise peut éventuellement abonder ces sommes. Une condition d'ancienneté minimum à la date du premier versement peut être prévue dans le règlement du plan.

Le plan d'épargne interentreprises (PEI)

Variante du PEE, il s'agit d'un plan d'épargne commun à plusieurs entreprises (souvent des PME).

Le plan d'épargne retraite d'entreprise (PERE)

Le plan d'épargne retraite d'entreprise permet aux salariés bénéficiaires de se constituer une épargne retraite dans des conditions fiscales et sociales avantageuses, en contrepartie du blocage des sommes, en principe jusqu'à leur retraite.

Le PERE prend 2 formes distinctes :

- PER collectif (ex-PERCO) ;
- PER obligatoire en remplacement des régimes de retraite supplémentaire à cotisations obligatoires (ex art. 83).

Alimentation des jours de CET

Le salarié peut aussi alimenter son PER collectif par des jours de CET bénéficiant d'un régime fiscal et social favorable.

Schéma général de l'épargne salariale

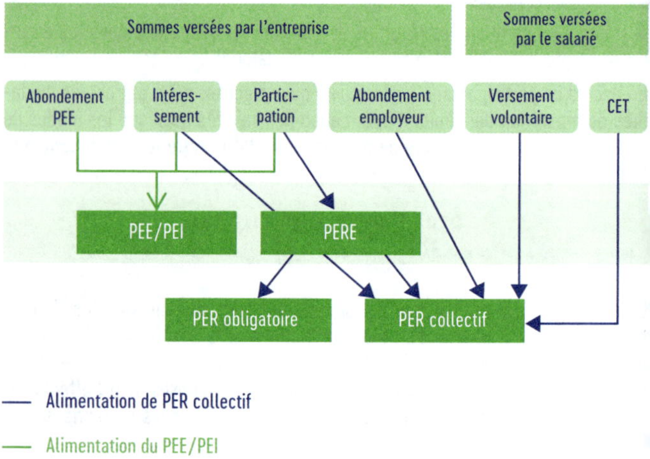